Najpiękniejsze BAŚNIE

Najpiękniejsze BAŚNIE

Tytuł oryginału: Historias clásicas
Tłumaczenie: Agata Ostrowska
Redakcja: Krzysztof Wiśniewski

© 2014 Editorial Libsa, S.A.
© 2014 for the Polish edition by Firma Księgarska Olesiejuk
Spółka z ograniczoną odpowiedzialnością Sp.j.
Wydawnictwo Olesiejuk, an imprint of Firma Księgarska Olesiejuk
Spółka z ograniczoną odpowiedzialnością Sp.j.

ISBN 978-83-274-1534-9 (oprawa twarda)
ISBN 978-83-274-1778-7 (broszura)

Firma Księgarska Olesiejuk Spółka z ograniczoną odpowiedzialnością Sp.j.
05-850 Ożarów Mazowiecki
ul. Poznańska 91
wydawnictwo@olesiejuk.pl
www.wydawnictwo-olesiejuk.pl

Dystrybucja: www.olesiejuk.pl

Druk: Perfekt S.A.

Spis treści

Śpiąca królewna

9

Alicja w Krainie Czarów

25

Aladyn

41

Flecista z Hameln
57

Mała syrenka
73

Kot w butach
89

Królewna Śnieżka
105

Ołowiany żołnierzyk
121

Merlin czarodziej
137

Muzykanci z Bremy
153

Pinokio
169

Śpiąca królewna

Dawno, dawno temu, za górami, za lasami, urodziła się piękna królewna. Król i królowa nie posiadali się z radości!

Z okazji narodzin dziecka wydano przyjęcie, na które zaproszono wszystkie wróżki z królestwa oprócz złej Czarownicy.

Wróżki ofiarowały królewnie wspaniałe dary. Czarownica poczuła się jednak dotknięta brakiem zaproszenia i rzuciła na dziewczynkę zły urok – w dniu piętnastych urodzin miała ukłuć się w palec wrzecionem i umrzeć.

Wspólnymi siłami wróżki próbowały odczynić zły czar, ale się im nie udało. Jedna z nich zdołała jednak osłabić jego moc – królewna miała nie umrzeć, ale zapaść w sen, z którego po stu latach obudzi ją pocałunek księcia.

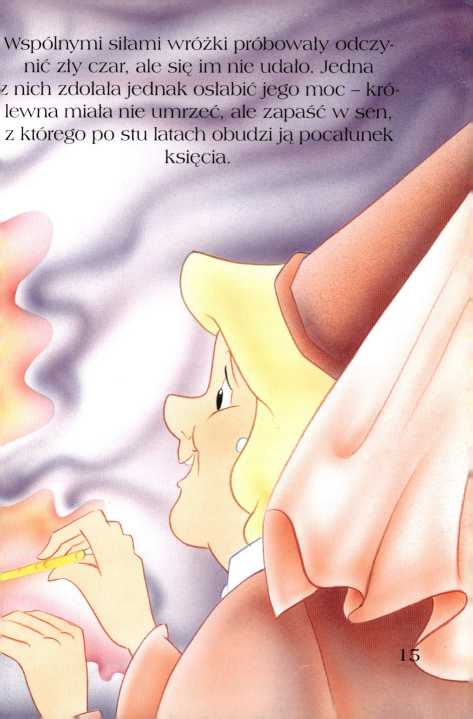

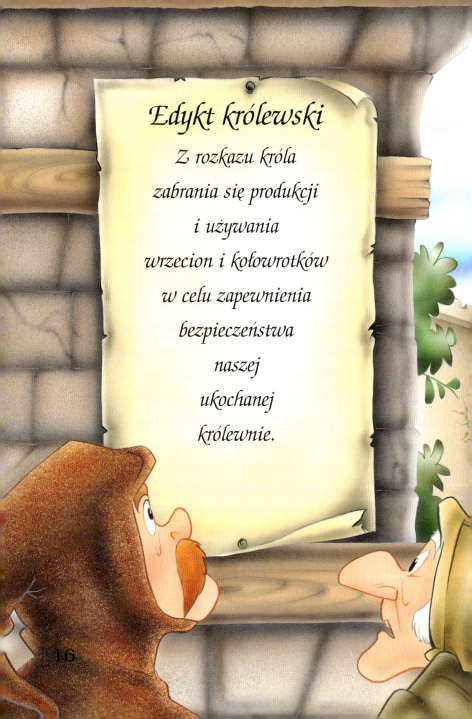

Zrozpaczeni rodzice królewny rozkazali spalić wszystkie kołowrotki i wrzeciona w królestwie. Tymczasem dziewczynka rosła piękna i zdrowa.

W dniu swoich piętnastych urodzin królewna trafiła do starej wieży, gdzie spotkała starowinkę przędącą na kołowrotku. Dziewczynka chciała nauczyć się prząść, skaleczyła się jednak i natychmiast zapadła w sen.

Król i królowa wystroili córkę w najlepsze szaty i złożyli ją w pięknym pokoju zdobionym złotem i srebrem. Królewna wyglądała prześlicznie.

Król wezwał do siebie wróżkę, która złagodziła zły urok. Ta natychmiast przyjechała wozem ciągniętym przez niebieskie smoki. Towarzyszyły jej dobre skrzaty.

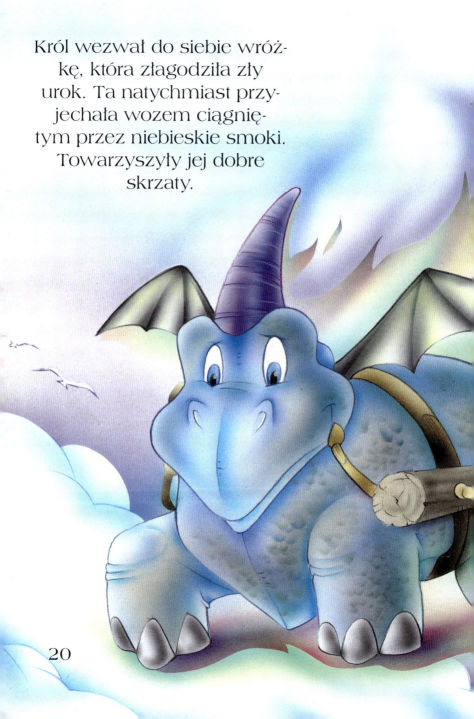

Wróżka obawiała się, że królewna będzie się czuła samotna, kiedy już obudzi się ze stuletniego snu. Dlatego magiczną różdżką dotknęła każdego z mieszkańców pałacu, aby i oni usnęli.

Lata mijały, a opuszczony zamek zarastał zielskiem. Przejeżdżający nieopodal odważny książę postanowił zajrzeć do środka.

o przybyciu do zamku odkrył, że wszyscy mieszkańcy śpią. Zaglądał do każdego pomieszczenia, aż znalazł pokój królewny. Jej uroda tak zachwyciła młodego księcia, że złożył na jej czole pocałunek.

W tej samej chwili piękna królewna otworzyła ocz[y] i uśmiechnęła się słodko do swojego wybawcy. Razem obeszli cały zamek, budząc pozostałych mieszkańców. Tego samego dnia wzięli ślub i ży[li] długo i szczęśliwie.

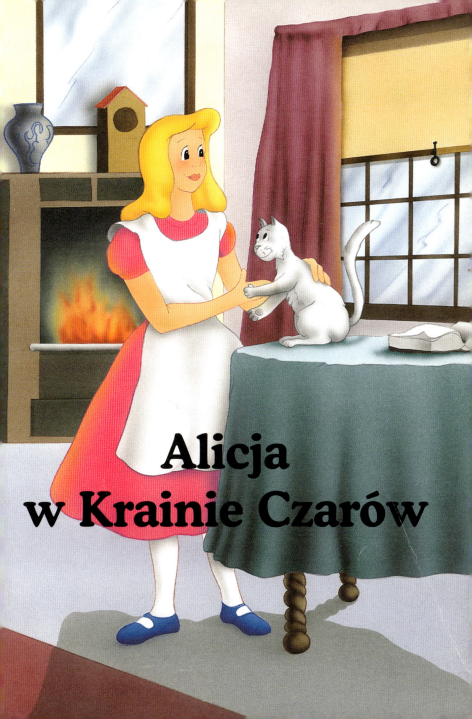

Alicja
w Krainie Czarów

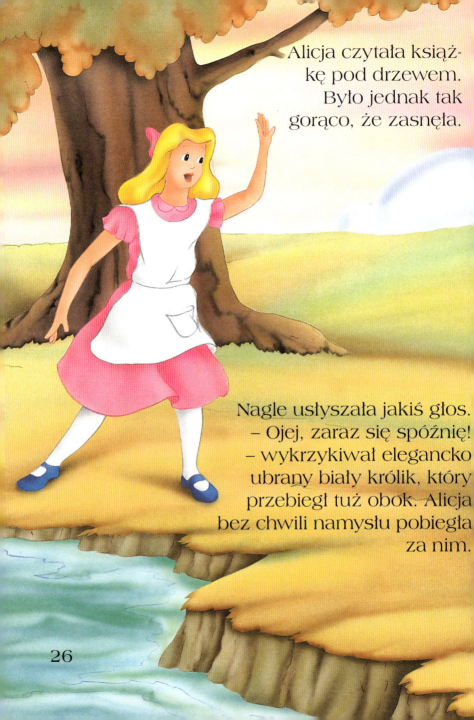

Alicja czytała książkę pod drzewem. Było jednak tak gorąco, że zasnęła.

Nagle usłyszała jakiś głos.
– Ojej, zaraz się spóźnię! – wykrzykiwał elegancko ubrany biały królik, który przebiegł tuż obok. Alicja bez chwili namysłu pobiegła za nim.

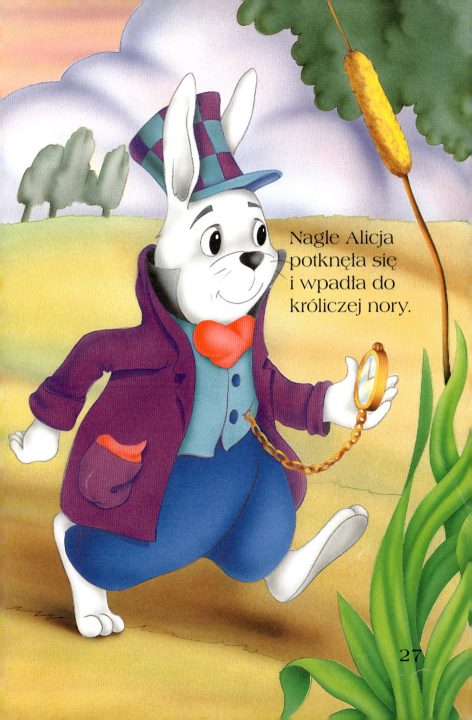

Spadała długo i wylądowała w saloniku, z którego prowadziły malutkie drzwi. Próbowała przez nie wyjść, nie mogła się jednak w nich zmieścić. Wtem zauważyła na stole klucz oraz butelkę z przyczepioną do niej kartką.

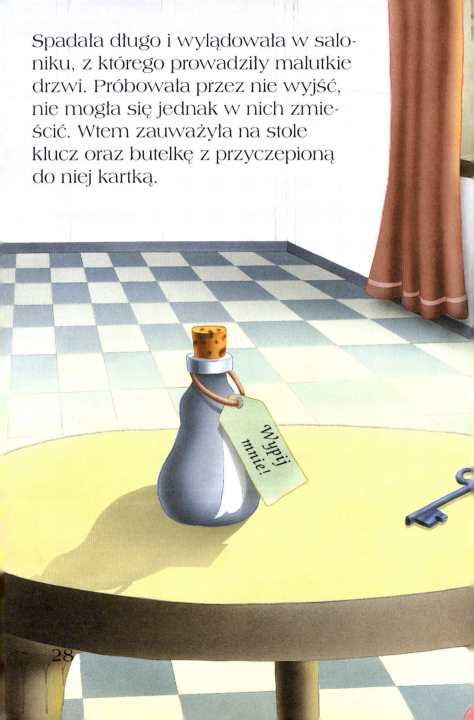

Napis na butelce głosił: "Wypij mnie". Dziewczynka tak właśnie zrobiła i nagle zaczęła się zmniejszać. W końcu zmieściła się w drzwiczkach i mogła wyruszyć na poszukiwanie królika.

Po wyjściu z pokoju znalazła się w pięknym ogrodzie. Był tam też Biały Królik. Alicja spytała go, kim jest, i jak nazywa się to miejsce.

Królik jednak nie odpowiedział, a nawet na nią nie spojrzał. Dziewczynka zaczęła żałować, że w ogóle za nim pobiegła. – To nie był dobry pomysł! – pomyślała.

Alicja postanowiła jednak wyruszyć dalej. Napotkała Gąsienicę, która siedziała na grzybie i paliła fajkę. Alicja poskarżyła się jej, że jest taka malutka, a Gąsienica ją pocieszyła.

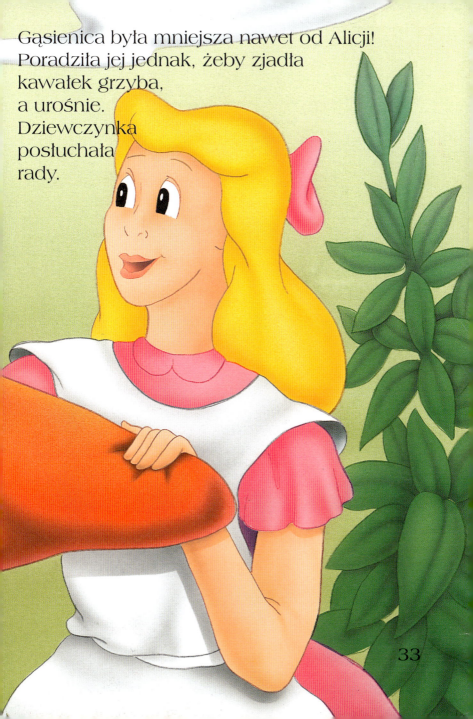

Gąsienica była mniejsza nawet od Alicji!
Poradziła jej jednak, żeby zjadła
kawałek grzyba,
a urośnie.
Dziewczynka
posłuchała
rady.

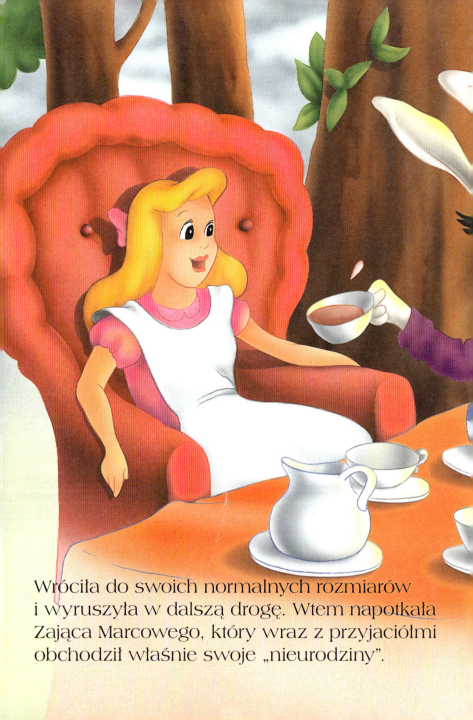

Wróciła do swoich normalnych rozmiarów i wyruszyła w dalszą drogę. Wtem napotkała Zająca Marcowego, który wraz z przyjaciółmi obchodził właśnie swoje „nieurodziny".

Alicja uznała, że wszyscy oni są szaleni. Nie chciała jednak być nieuprzejma, więc dołączyła do zabawy.
– W ten sposób zamiast jednego przyjęcia ma się aż 364 – wyjaśnił jej jeden z gości.

Alicja ruszyła w dalszą drogę, aż dotarła do ogrodu Królowej Kier, która słynęła w całej okolicy z tego, że kazała ścinać głowę każdemu, kto się jej sprzeciwił.

Królowa zaproponowała Alicji grę w krykieta.

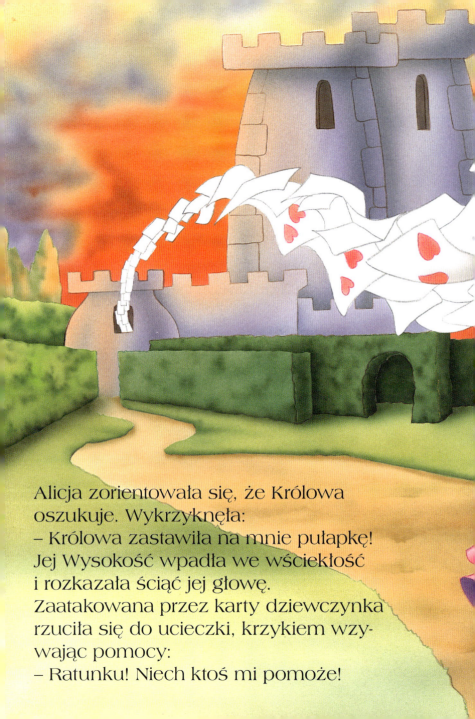

Alicja zorientowała się, że Królowa oszukuje. Wykrzyknęła:
– Królowa zastawiła na mnie pułapkę!
Jej Wysokość wpadła we wściekłość i rozkazała ściąć jej głowę.
Zaatakowana przez karty dziewczynka rzuciła się do ucieczki, krzykiem wzywając pomocy:
– Ratunku! Niech ktoś mi pomoże!

Nagle na głowę Alicji spadł orzech z drzewa, pod którym spała, i dziewczynka się obudziła. To był tylko sen! Co za ulga! Postanowiła, że już nigdy nie pozwoli sobie zasnąć nad książką.

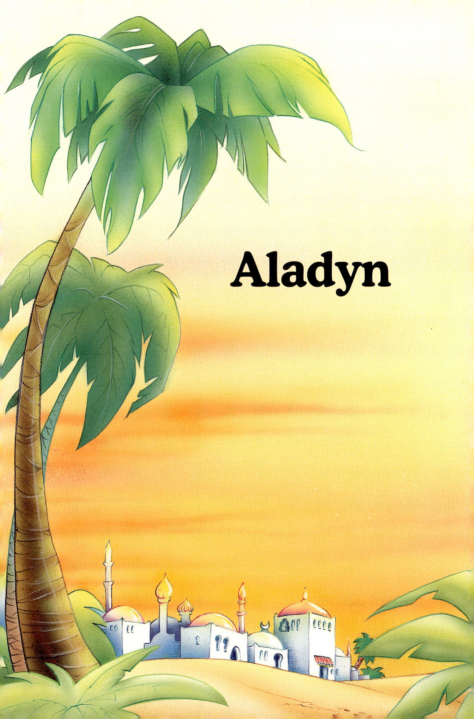

Aladyn był synem biednego krawca. Ojciec zmarł, kiedy chłopiec był jeszcze mały.

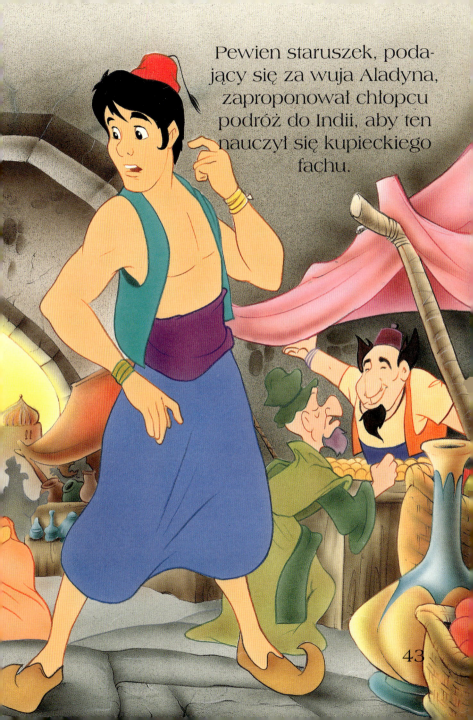
Pewien staruszek, podający się za wuja Aladyna, zaproponował chłopcu podróż do Indii, aby ten nauczył się kupieckiego fachu.

Aladyn chętnie się zgodził. O świcie wyruszyli z domu i podróżowali aż do zmierzchu. Rozbili obóz w dolinie i wtedy chłopak poznał prawdę.

Staruszek okazał się czarnoksiężnikiem o bardzo złych zamiarach.

Kazał Aladynowi wejść do pobliskiej jaskini i poszukać tam pewnej lampy. Oprócz lampy chłopak znalazł tam drogocenne kamienie oraz pierścień, który schował w kieszeni. Przeczuwał, że kiedy odda lampę starcowi, ten zostawi go w jaskini, odmówił więc jej przekazania. Mag wpadł we wściekłość i zamknął wejście do jaskini potężnym głazem.

Aladyn już od dwóch dni był uwięziony, kiedy przypadkiem potarł znaleziony wcześniej pierścień. Nagle pojawił się dżin.

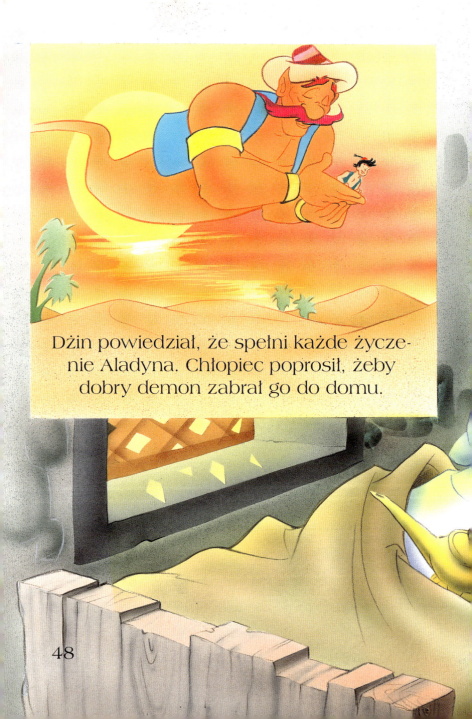

Dżin powiedział, że spełni każde życzenie Aladyna. Chłopiec poprosił, żeby dobry demon zabrał go do domu.

Następnego ranka matka znalazła syna spokojnie śpiącego w łóżku. Aladyn obudził się i opowiedział jej całą historię.

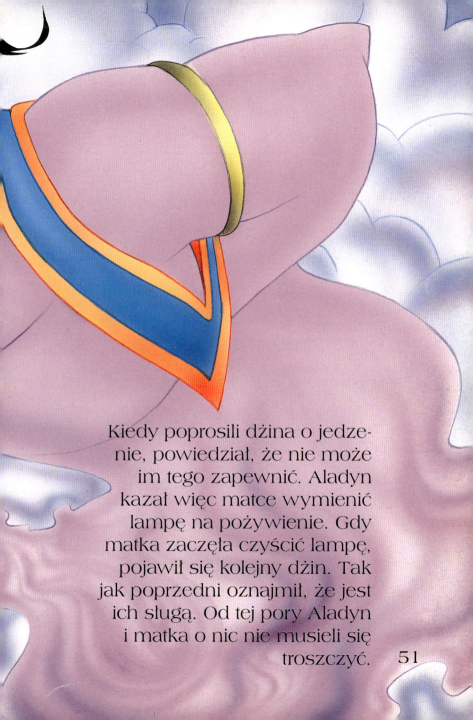

Kiedy poprosili dżina o jedzenie, powiedział, że nie może im tego zapewnić. Aladyn kazał więc matce wymienić lampę na pożywienie. Gdy matka zaczęła czyścić lampę, pojawił się kolejny dżin. Tak jak poprzedni oznajmił, że jest ich sługą. Od tej pory Aladyn i matka o nic nie musieli się troszczyć.

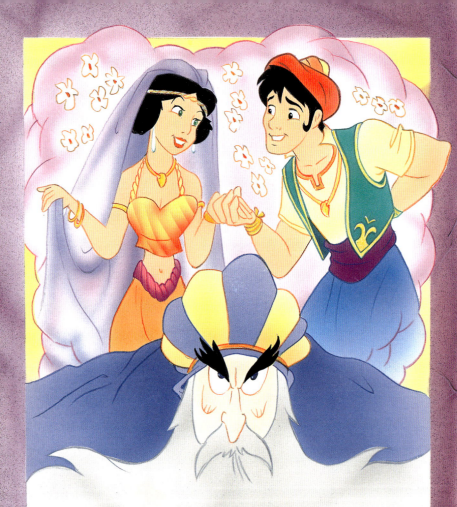

Aladyn zakochał się w córce sułtana i poprosił jej ojca o rękę dziewczyny. Sułtan obiecał mu ją pod warunkiem, że chłopak w jeden dzień zbuduje pałac. Dżinowi udało się tego dokonać i Aladyn ożenił się z księżniczką.

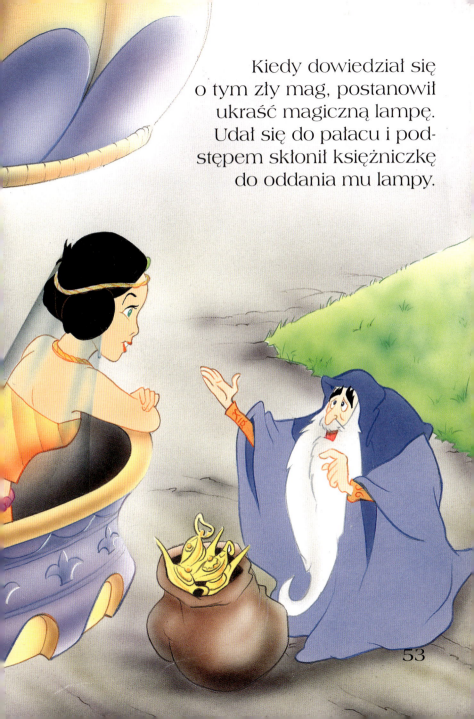

Kiedy dowiedział się o tym zły mag, postanowił ukraść magiczną lampę. Udał się do pałacu i podstępem skłonił księżniczkę do oddania mu lampy.

Czarnoksiężnik nakazał dżinowi z lampy porwać księżniczkę. Aladyn wezwał jednak na pomoc dżina z pierścienia, przybył do pałacu i zmusił maga do ucieczki.

I tak Aladyn odzyskał ukochaną żonę. Już nigdy się nie rozdzielili i żyli długo i szczęśliwie.

Mieszkańcy Hameln wiedli spokojne i szczęśliwe życie. Aż tu pewnego dnia w miasteczku pojawiła się plaga szczurów – były wszędzie! Burmistrz obiecał nagrodę temu, kto zdoła pozbyć się szkodników. Wielu próbowało, ale bezskutecznie.

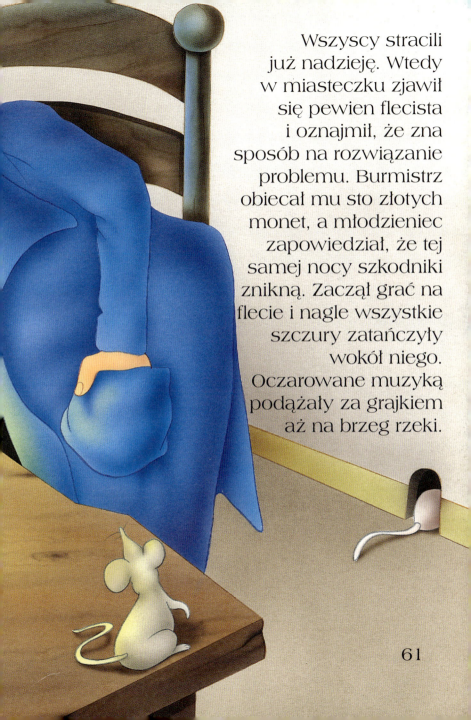

Wszyscy stracili już nadzieję. Wtedy w miasteczku zjawił się pewien flecista i oznajmił, że zna sposób na rozwiązanie problemu. Burmistrz obiecał mu sto złotych monet, a młodzieniec zapowiedział, że tej samej nocy szkodniki znikną. Zaczął grać na flecie i nagle wszystkie szczury zatańczyły wokół niego. Oczarowane muzyką podążały za grajkiem aż na brzeg rzeki.

Nie przestając grać, flecista wszedł po pas do wody.

Ku zdumieniu wszystkich, szczury weszły za nim do rzeki. Ponieważ nie umiały pływać, natychmiast się potopiły.

Po wykonaniu powierzonego mu zadania, grajek poszedł do burmistrza po wynagrodzenie. Dostał jednak tylko jedną złotą monetę. Rozzłoszczony muzyk odwrócił się na pięcie i odszedł, wygrażając: – Jeszcze tego pożałujecie!

Flecista wędrował uliczkami miasta, nie przerywając gry. Każde mijane przez niego dziecko podążało za nim, zahipnotyzowane muzyką, tak jak wcześniej szczury. W miasteczku został tylko mały kaleki chłopiec...

...i z przerażeniem patrzył, jak wszyscy jego przyjaciele idą za flecistą prosto w szczelinę, która nagle utworzyła się w pobliskiej górze. Wystraszony malec wrócił do Hameln i opowiedział, co widział, nikt jednak nie mógł nic na to poradzić. Przepełniony poczuciem winy burmistrz bez słowa uciekł z miasta.

Całe Hameln pogrążyło się w smutku. Kaleki chłopiec czuł się bardzo samotny, pewnego dnia udał się więc na górę, gdzie zniknęły dzieci. Tam znalazł magiczny flet i bez chwili namysłu zaczął na nim grać. Wtem skały rozstąpiły się i z wnętrza góry wyszły zaginione dzieci. Na ulicach Hameln zapanowała wielka radość!

Od tej pory mieszkańcy znów wiedli spokojne i szczęśliwe życie. Nigdy nie mieli już ani problemu ze szczurami, ani tak skąpego burmistrza.

Mała syrenka była najmłodszą córką króla mórz, najpiękniejszą, ale i najbardziej psotną. Godzinami mogła słuchać opowieści babci o życiu na lądzie.

Mała królewna tak długo prosiła i błagała babcię, że ta nie miała innego wyjścia – obiecała wnuczce, że kiedy już skończy piętnaście lat, będzie mogła opuścić morskie głębiny.

W końcu nadszedł ten dzień. Syrenka wyjrzała nad powierzchnię wody i ujrzała spokojne morze. Zauważyła też piękny statek, a na jego pokładzie marynarzy, którzy tańczyli i śpiewali. Syrenka podpłynęła bliżej i zobaczyła wielu młodzieńców. Wpadł jej w oko jeden z nich, najprzystojniejszy. Był to młody książę, który właśnie obchodził urodziny.

Nagle rozpętał się straszny sztorm. Statek zaczął tonąć i mała syrenka zobaczyła, że jej wybranek tonie. Bez chwili namysłu ruszyła na ratunek i zdołała wyciągnąć go na powierzchnię.

Burza ucichła i morze się uspokoiło, nic jednak nie zostało ze statku. Mała syrenka zostawiła więc księcia w bezpiecznym miejscu i ukryła się za pobliskimi skałami, aby upewnić się, że ktoś go znajdzie. Kiedy przybyli jego towarzysze, z żalem zanurzyła się z powrotem w morskich odmętach i wróciła do ojca.

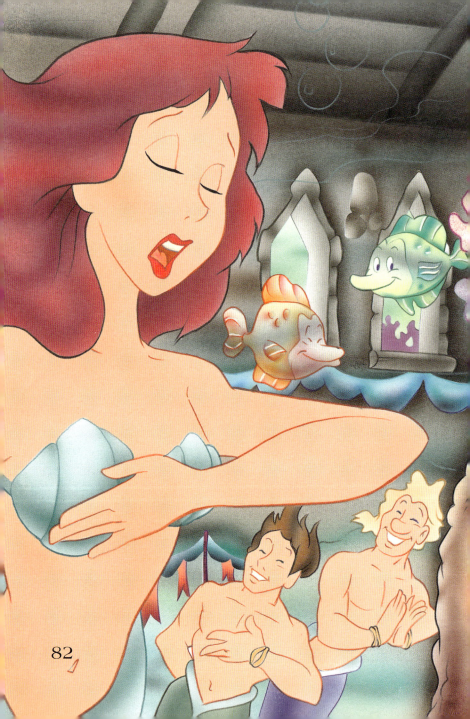

Kilka dni później król wydał wielki bal. Obdarzona przepięknym głosem mała syrenka śpiewała tak wspaniale, że zaproszeni goście nie przestawali bić brawa. Szybko jednak znów ogarnął ją wielki smutek, kiedy przypomniała sobie o księciu, w którym tak bardzo była zakochana.

Mała syrenka gotowa była na wszystko, byle tylko książę ją pokochał. Udała się więc po pomoc do złej czarownicy. Ta obiecała, że w miejsce ogona syrence wyrosną smukłe i zgrabne nogi, a książę na pewno się w niej zakocha. W zamian syrenka musiała jednak oddać czarownicy swój piękny głos.

Mała syrenka zgodziła się i czarownica przygotowała magiczny eliksir. Po jego wypiciu syreni ogon podzielił się na pół i dziewczynce zaczęły rosnąć nogi. Wtedy morski prąd wyrzucił ją na brzeg, gdzie znalazł ją książę, zabrał do swego pałacu, gdzie nie szczędził jej uwagi i względów.

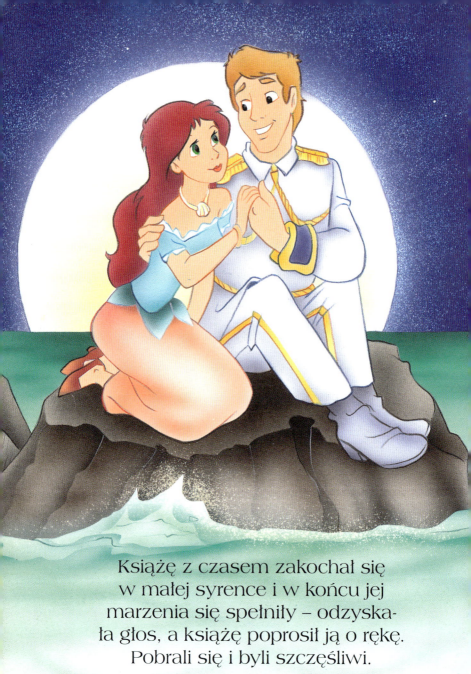

Książę z czasem zakochał się w małej syrence i w końcu jej marzenia się spełniły – odzyskała głos, a książę poprosił ją o rękę. Pobrali się i byli szczęśliwi.

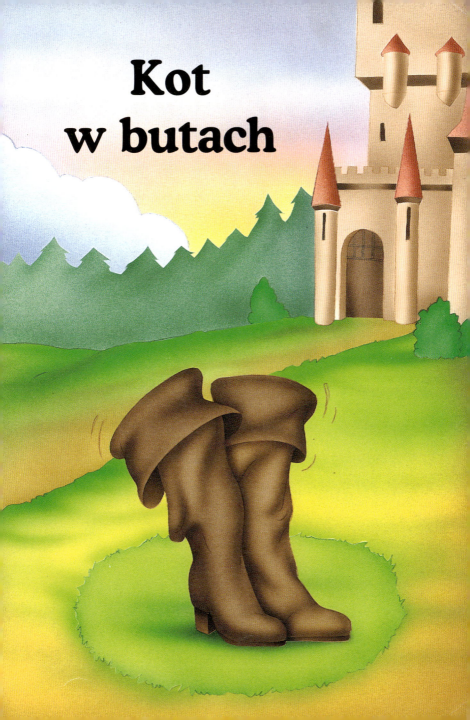

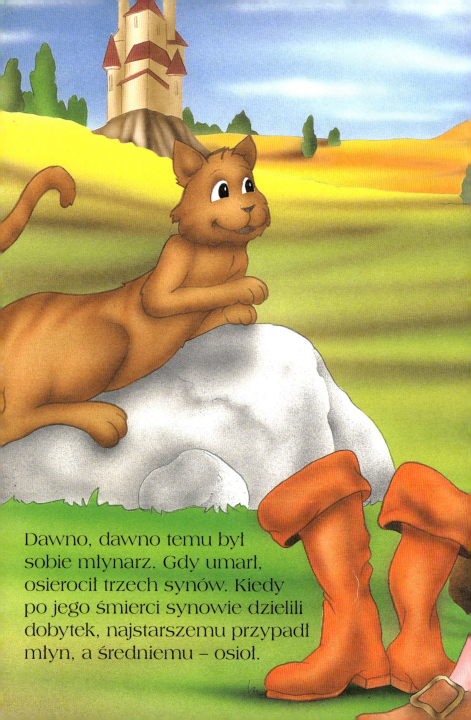

Dawno, dawno temu był sobie młynarz. Gdy umarł, osierocił trzech synów. Kiedy po jego śmierci synowie dzielili dobytek, najstarszemu przypadł młyn, a średniemu – osioł.

Gdy kot to usłyszał, powiedział: – Daj mi tylko worek i parę butów, a sprawię, że będziesz bogaty. Młodzieniec dał kotu to, o co prosił, a ten upolował zająca. Udał się na dwór królewski i podarował zdobycz władcy w imieniu markiza de Karabasza – takie miano wymyślił dla swojego pana. Król był bardzo wdzięczny.

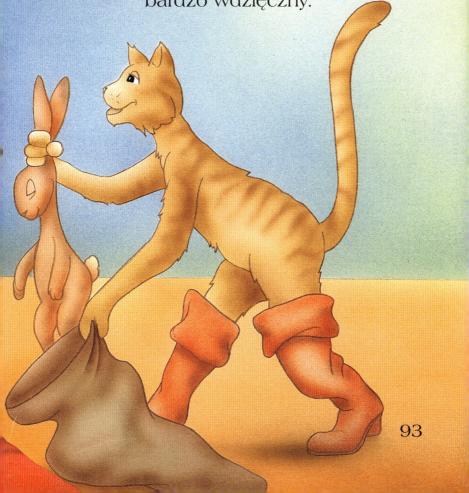

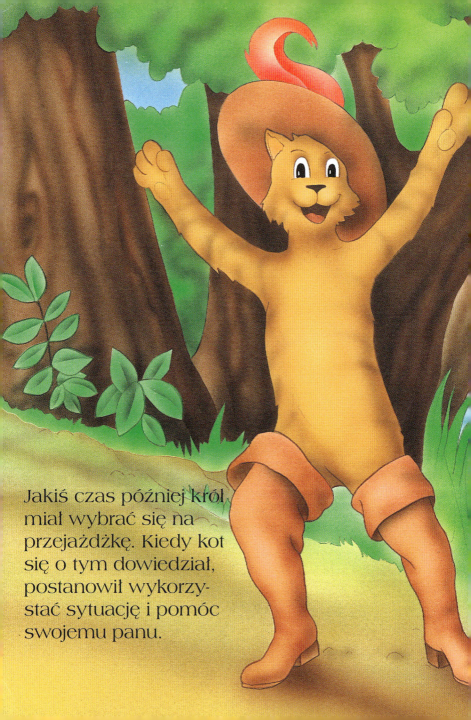

Jakiś czas później król miał wybrać się na przejażdżkę. Kiedy kot się o tym dowiedział, postanowił wykorzystać sytuację i pomóc swojemu panu.

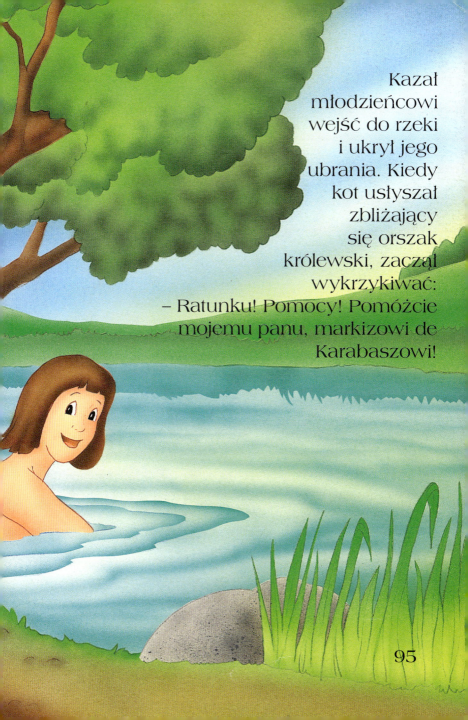

Kazał młodzieńcowi wejść do rzeki i ukrył jego ubrania. Kiedy kot usłyszał zbliżający się orszak królewski, zaczął wykrzykiwać:
– Ratunku! Pomocy! Pomóżcie mojemu panu, markizowi de Karabaszowi!

Gdy król to usłyszał, nakazał zatrzymać orszak.

Kot wytłumaczył, że złodzieje ukradli odzież markiza, gdy ten kąpał się w rzece. Król, mając w pamięci zająca ofiarowanego mu przez markiza, bez chwili wahania zaoferował mu piękne stroje i zaprosił do karocy, gdzie przedstawił młodzieńcowi swoją córkę.

Tymczasem przebiegły kot realizował swój tajemny plan. Biegiem udał się do pobliskiego zamku, w którym mieszkał potwór, słynny z umiejętności przemiany w dowolne zwierzę. Kot podał w wątpliwość jego zdolności i postawił przed nim wyzwanie – kazał olbrzymowi zamienić się w mysz.

Jak można się było spodziewać, potwór zademonstrował swoje umiejętności – a kot w okamgnieniu pożarł mysz i dzięki temu zapewnił swojemu panu zamek.

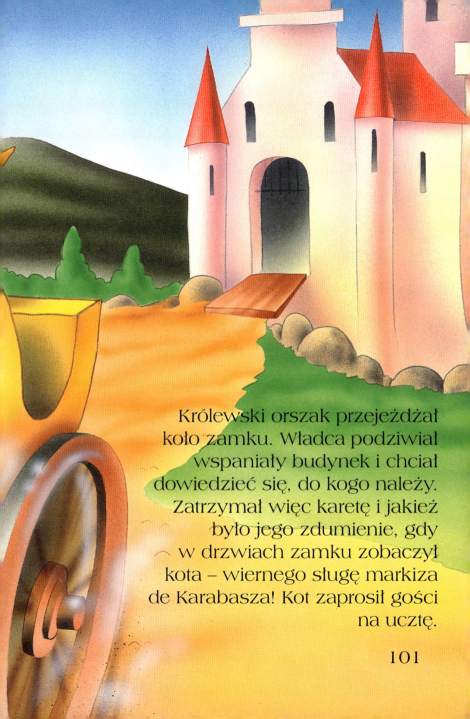

Królewski orszak przejeżdżał koło zamku. Władca podziwiał wspaniały budynek i chciał dowiedzieć się, do kogo należy. Zatrzymał więc karetę i jakież było jego zdumienie, gdy w drzwiach zamku zobaczył kota – wiernego sługę markiza de Karabasza! Kot zaprosił gości na ucztę.

Młodzieniec zakochał się w królewnie. Ponieważ cieszył się podziwem i sympatią króla, bez wahania poprosił o rękę jego córki.

Ten, przekonany o potędze i bogactwie markiza, bez namysłu zgodził się na ślub. Wszyscy poddani przybyli na przyjęcie, szczęśliwi, że uwolniono ich od złego czarownika.

I tak właśnie, dzięki przebiegłości kota, biedny młynarczyk został wielkim panem.

A kot żył długo i szczęśliwie, rozpieszczany przez wdzięcznego młodzieńca.

Królewna Śnieżka

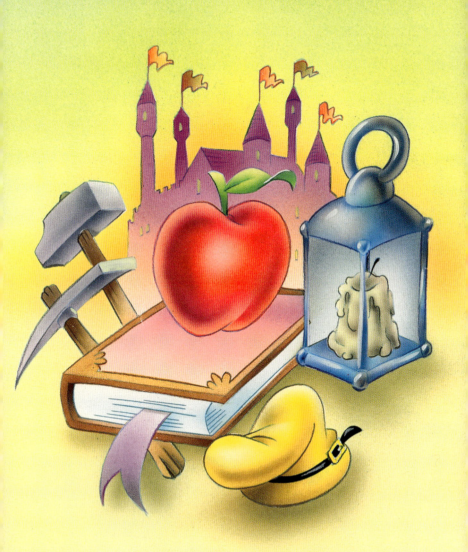

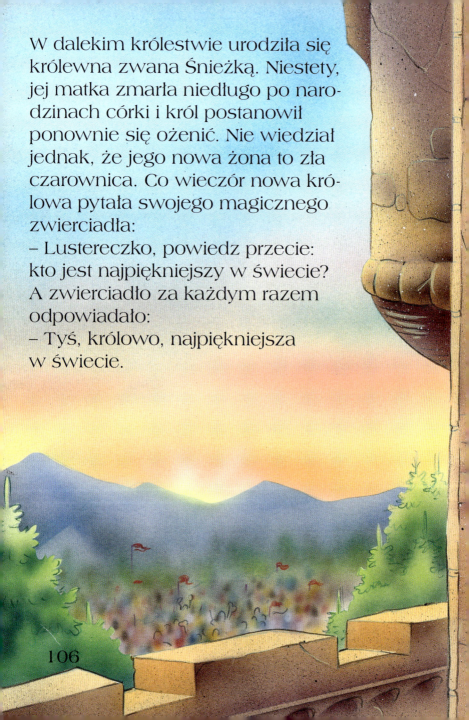

W dalekim królestwie urodziła się królewna zwana Śnieżką. Niestety, jej matka zmarła niedługo po narodzinach córki i król postanowił ponownie się ożenić. Nie wiedział jednak, że jego nowa żona to zła czarownica. Co wieczór nowa królowa pytała swojego magicznego zwierciadła:
– Lustereczko, powiedz przecie: kto jest najpiękniejszy w świecie?
A zwierciadło za każdym razem odpowiadało:
– Tyś, królowo, najpiękniejsza w świecie.

Pewnego wieczoru macocha Śnieżki jak zwykle zapytała:
– Lustereczko, powiedz przecie: kto jest najpiękniejszy w świecie?

Zwierciadło zaś, które nigdy nie kłamało, odrzekło:
– Tyś piękna, królowo, jak gwiazdy na niebie, ale Śnieżka jest tysiąc razy piękniejsza od ciebie. Królowa wściekła się i kazała myśliwemu zabić Śnieżkę.

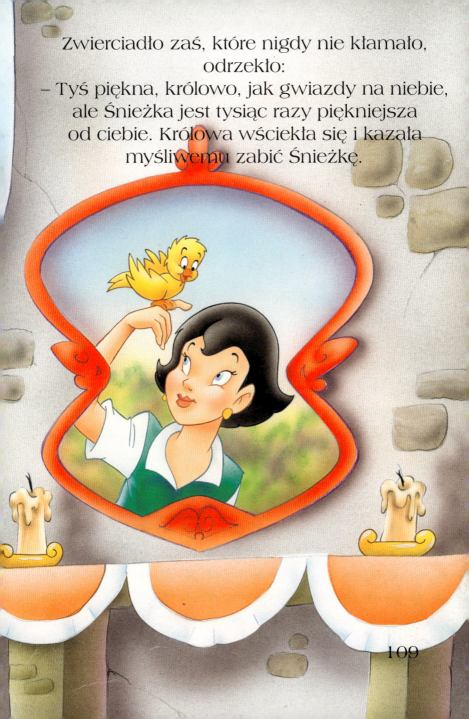

Myśliwy zabrał królewnę do lasu, aby wypełnić rozkaz królowej.

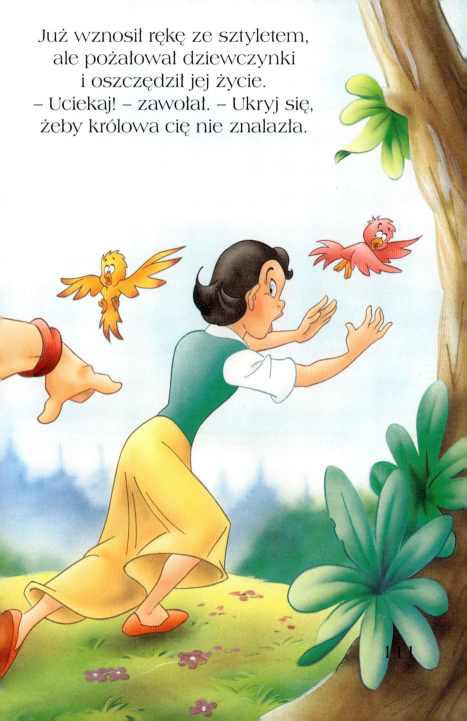

Już wznosił rękę ze sztyletem, ale pożałował dziewczynki i oszczędził jej życie.
– Uciekaj! – zawołał. – Ukryj się, żeby królowa cię nie znalazła.

Śnieżka rzuciła się do ucieczki. Dotarła na polanę, na której stał mały domek.
– Kto tu może mieszkać? – zastanawiała się. Postanowiła wejść do środka. W sypialni stało siedem łóżeczek.

Była bardzo zmęczona, więc położyła się spać. Wkrótce do domu wróciło siedmiu krasnoludków, którzy tam mieszkali. Krasnale znalazły śpiącą dziewczynkę. Narobiły hałasu, żeby ją obudzić. Śnieżka, zaskoczona widokiem malutkich osóbek, opowiedziała im swoją smutną historię. Nowi przyjaciele przyjęli ją serdecznie.

Kiedy królowa dowiedziała się, że królewna wciąż żyje, przygotowała zatrute jabłko i w przebraniu staruszki odwiedziła ją w domu krasnoludków. Śnieżka otworzyła jej drzwi, a czarownica poczęstowała ją jabłkiem.

Gdy tylko dziewczyna ugryzła owoc, upadła na ziemię. Leżącą bez życia znalazły ją krasnoludki po powrocie z pracy. Zrozpaczone złożyły Śnieżkę w kryształowej trumnie. Lamentowały tak głośno, że usłyszał je przejeżdżający nieopodal książę. Zachwyciła go uroda Śnieżki i złożył na jej twarzy pocałunek tak słodki, że natychmiast się obudziła.

Gdy zobaczyła swojego wybawcę, zakochała się w nim od pierwszego wejrzenia i wkrótce wyprawili huczne wesele.

Ołowiany żołnierzyk

Dawno, dawno temu w sklepie z zabawkami mieszkał bohater tej bajki – ołowiany żołnierzyk. Wokół niego pełno było lalek i koników na biegunach. Choć wielu kupowało żołnierzyki, jego nikt nie chciał zabrać do domu – był kulawy. W końcu jednak pewnego dnia do sklepu wszedł miły pan. Postanowił kupić naszego żołnierzyka – wraz z towarzyszami – w prezencie urodzinowym dla syna.

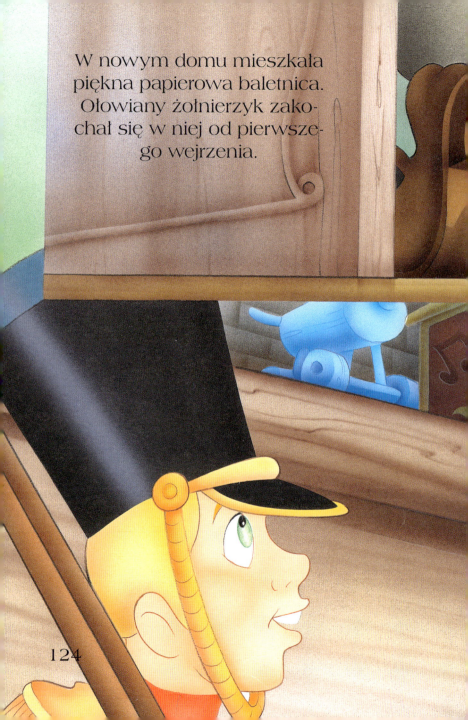

W nowym domu mieszkała piękna papierowa baletnica. Ołowiany żołnierzyk zakochał się w niej od pierwszego wejrzenia.

Ona zaś tańczyła dla niego i posyłała mu najpiękniejszy uśmiech.

Mieszkał tam też diabełek na sprężynie, również zakochany w baletnicy. Kiedy zorientował się, że tancerka podoba się żołnierzykowi, wpadł we wściekłość.

Korzystając z chwili zamieszania, diabełek wypchnął żołnierzyka przez okno.

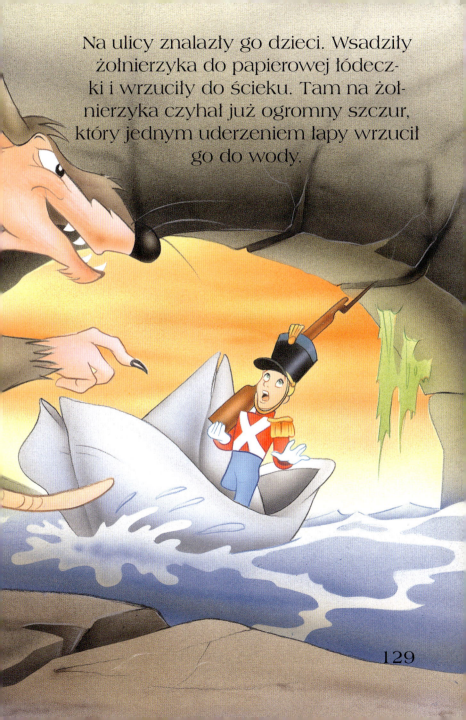

Na ulicy znalazły go dzieci. Wsadziły żołnierzyka do papierowej łódeczki i wrzuciły do ścieku. Tam na żołnierzyka czyhał już ogromny szczur, który jednym uderzeniem łapy wrzucił go do wody.

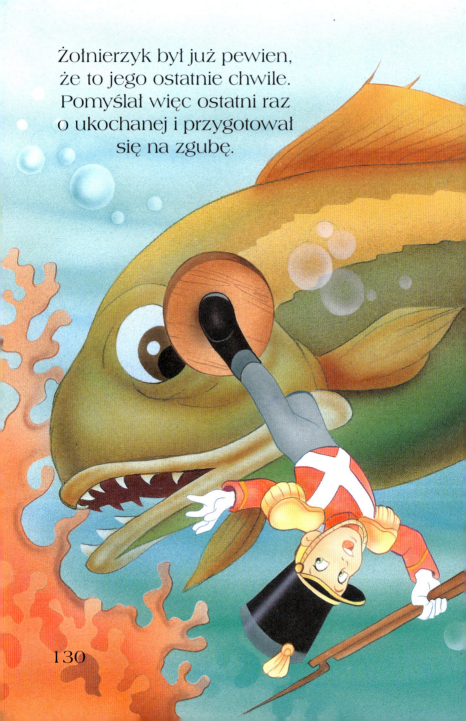

Żołnierzyk był już pewien, że to jego ostatnie chwile. Pomyślał więc ostatni raz o ukochanej i przygotował się na zgubę.

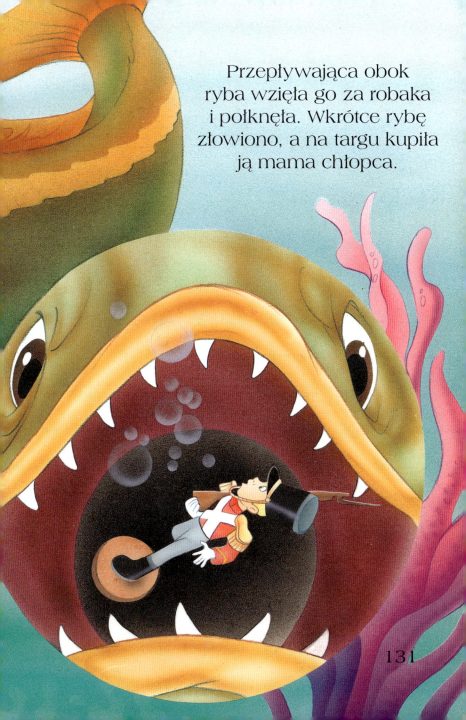

Przepływająca obok ryba wzięła go za robaka i połknęła. Wkrótce rybę złowiono, a na targu kupiła ją mama chłopca.

Kiedy żołnierzyk znów ujrzał światło dzienne, był w znanym domu. Jego ukochana tancerka wyprawiła mu, wraz z innymi zabawkami, przyjęcie powitalne.

Nazajutrz rodzinę odwiedził mały chłopiec. Chciał pobawić się kulawym żołnierzykiem. Maluch nieumyślnie upuścił żołnierza do kominka.

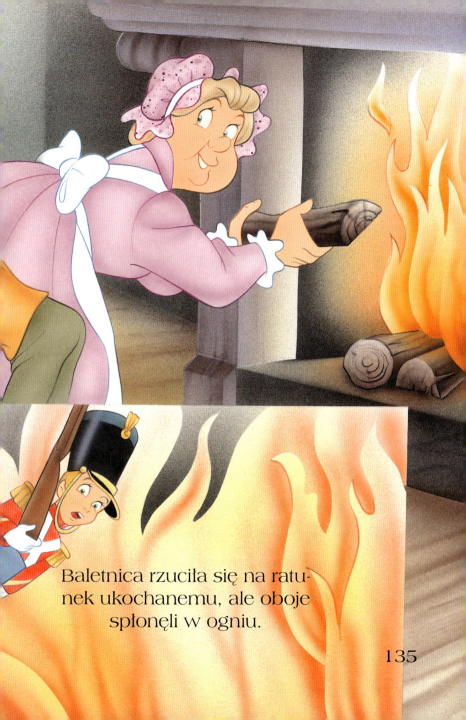

Baletnica rzuciła się na ratunek ukochanemu, ale oboje spłonęli w ogniu.

I tak żołnierzyk i tancerka, stopieni, połączyli się na zawsze.

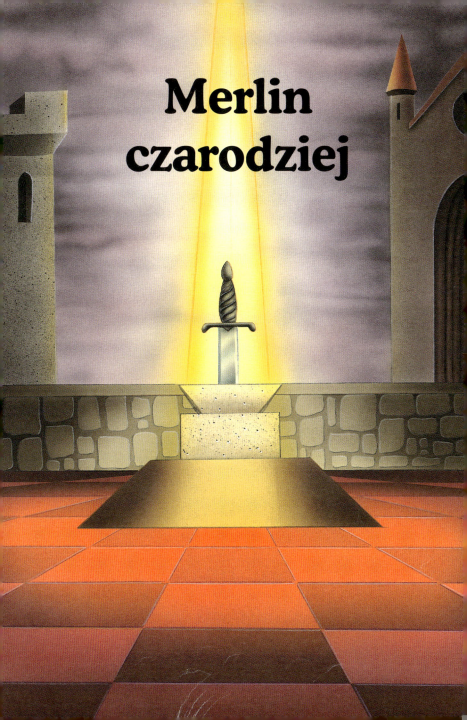

Król Anglii Uther Pendragon powierzył czarodziejowi Merlinowi edukację swojego syna Artura. Chłopiec zamieszkał u szlachetnego rycerza, który miał syna w tym samym wieku – Kaya.

Merlin ukrywał przed wszystkimi pochodzenie Artura, aby uniknąć ludzkiej zawiści. Zapewnił chłopcu bardzo nietypową edukację – jako czarodziej uczył go magii i zaklęć. Po śmierci króla Uthera, Merlin oznajmił, że następcą tronu zostanie ten, kto zdoła wyciągnąć królewski miecz Excalibur z głazu, w który go wbito. Wielu szlachetnie urodzonych panów próbowało tego dokonać – bezskutecznie.

Życie w królestwie toczyło się jednak dalej. Jakiś czas później odbywał się turniej rycerski, w którym udział brał Kay. Artur towarzyszył mu jako giermek. Kiedy przyszła kolej Kaya, poprosił Artura o swój miecz. Ten przypomniał sobie, że zostawił go w zajeździe. Zatroskany chłopiec udał się na poszukiwanie miecza, kiedy dostrzegł wspaniały Excalibur wbity w kamień i kowadło. Bez chwili namysłu udał się w tym kierunku.

Artur bez najmniejszego problemu wyciągnął miecz. W tej samej chwili padł na niego promień światła. Biegiem powrócił na turniej z mieczem i opowiedział wszystkim o swojej przygodzie. Wielu nie chciało mu wierzyć, a więc razem wrócili na miejsce. Artur bez trudu udowodnił, że mówił prawdę.

Ojciec Kaya jako pierwszy docenił wagę wyczynu Artura:

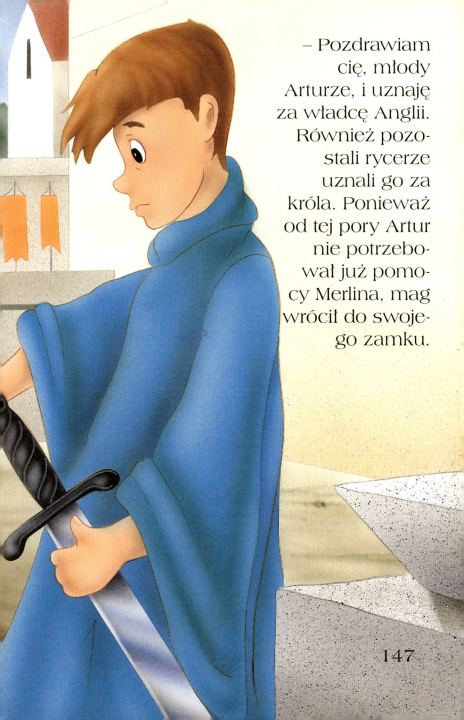

– Pozdrawiam cię, młody Arturze, i uznaję za władcę Anglii. Również pozostali rycerze uznali go za króla. Ponieważ od tej pory Artur nie potrzebował już pomocy Merlina, mag wrócił do swojego zamku.

Rządy Artura były bardzo pomyślne. Doszło jednak do buntu części arystokratów, którzy nie uznawali go za prawowitego władcę. Merlin ogłosił wówczas, że Artur jest synem króla Uthera, ale i jemu nie uwierzono i wybuchła wojna. Dzięki magii Merlina i przebiegłości Artura, udało się pokonać zdrajców.

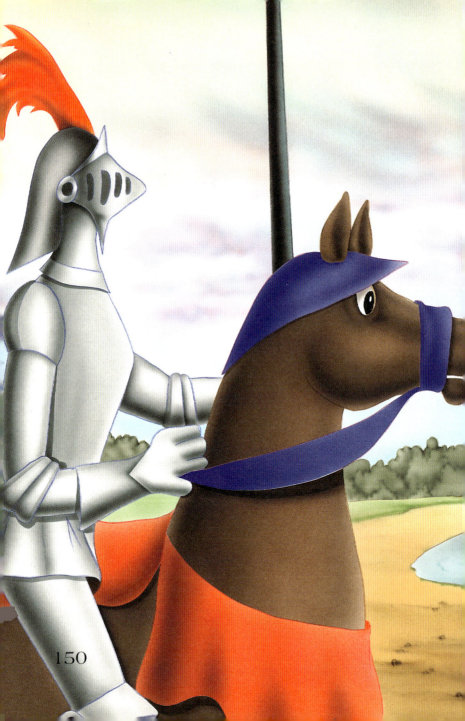

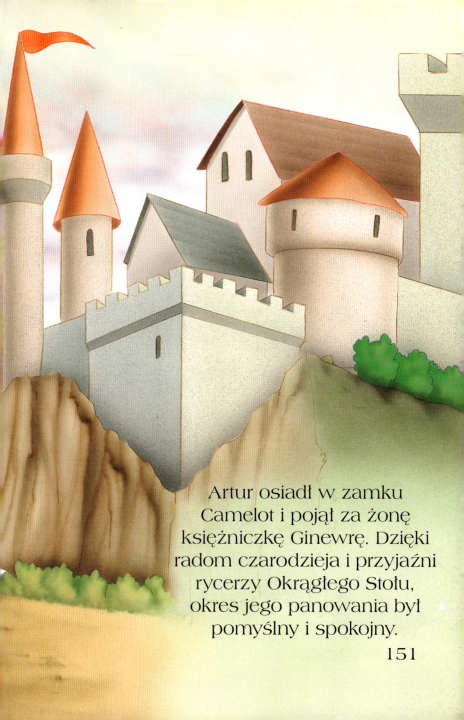

Artur osiadł w zamku Camelot i pojął za żonę księżniczkę Ginewrę. Dzięki radom czarodzieja i przyjaźni rycerzy Okrągłego Stołu, okres jego panowania był pomyślny i spokojny.

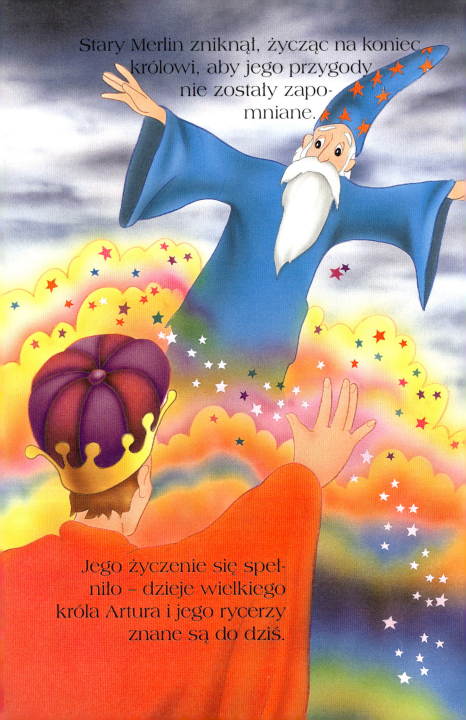

Muzykanci z Bremy

Kumpel był psem myśliwskim. Jak wskazuje jego imię, był najlepszym przyjacielem swojego pana – wiernym i lojalnym. Miał świetny węch i szybko biegał, dzięki czemu bez trudu polował na zające i składał je u stóp swojego właściciela.

Z wiekiem jednak stracił swoje umiejętności. Zamiast pozwolić mu zostać w domu i odpoczywać, w podzięce za lata wiernej służby, pan zostawił go na pastwę losu w lesie.

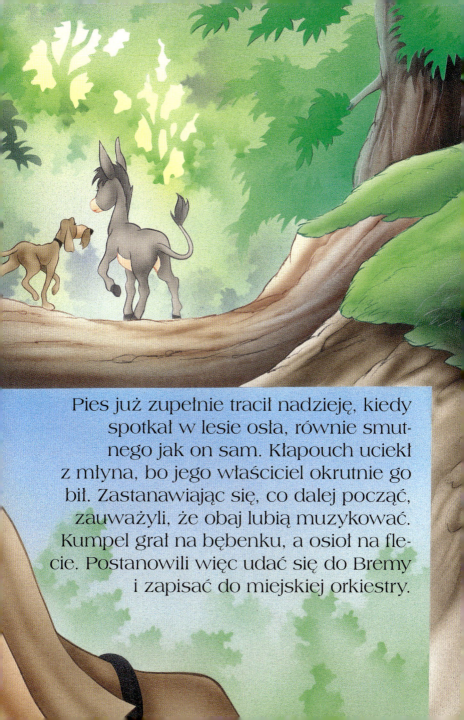

Pies już zupełnie tracił nadzieję, kiedy spotkał w lesie osła, równie smutnego jak on sam. Kłapouch uciekł z młyna, bo jego właściciel okrutnie go bił. Zastanawiając się, co dalej począć, zauważyli, że obaj lubią muzykować. Kumpel grał na bębenku, a osioł na flecie. Postanowili więc udać się do Bremy i zapisać do miejskiej orkiestry.

Zachwyceni pomysłem ruszyli w drogę. Wtem na leśnej polanie spotkali kota Mruczka. On też musiał uciec z domu, bo pani bardzo źle go traktowała. Zdradzili mu swoje plany, a że Mruczek świetnie grał na trąbce – przyłączył się do grupy.

Mijali właśnie jakieś gospodarstwo, kiedy napotkali bardzo zdenerwowanego koguta. Ptak powiedział im, że państwo postanowili zrobić z niego rosół. – Mógłbyś śpiewać w naszej orkiestrze! – powiedział osioł.

Zapadła noc i postanowili schronić się w mijanym domu. Kiedy jednak zajrzeli do środka, zobaczyli grupę rzezimieszków. Opracowali więc plan, dzięki któremu mieli wypłoszyć niebezpieczną bandę i zdobyć nocleg.

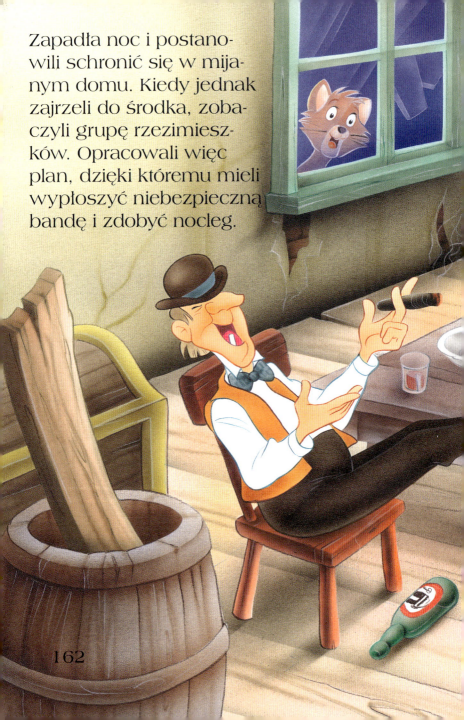

Pies wlazł na osła,
kot na psa, a kogut
na kota.

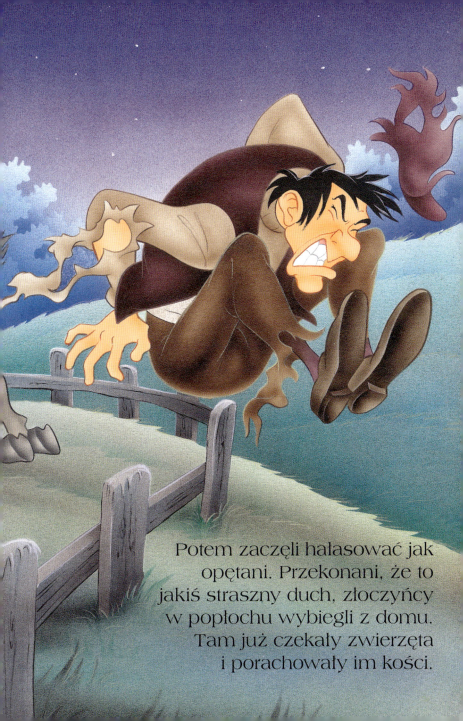

Potem zaczęli hałasować jak opętani. Przekonani, że to jakiś straszny duch, złoczyńcy w popłochu wybiegli z domu. Tam już czekały zwierzęta i porachowały im kości.

Czterej przyjaciele zostali panami domu. Spokojnie przespali noc, a następnego ranka zjedli obfite śniadanie – w spiżarni znaleźli olbrzymie ilości najrozmaitszych przysmaków.

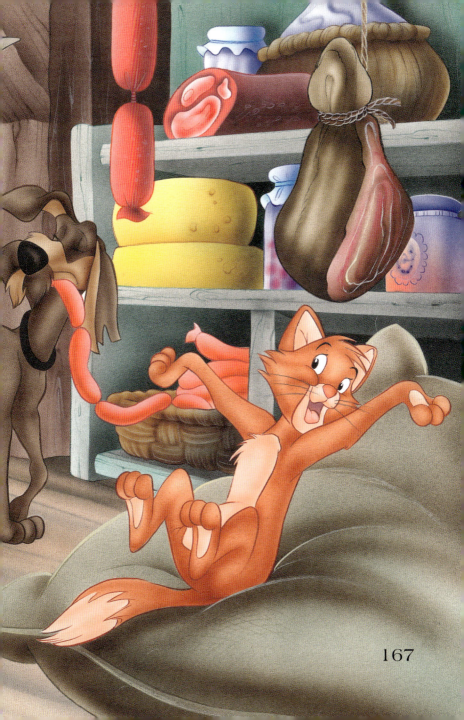

Postanowili więc przełożyć dalszą podróż na następny dzień. Nazajutrz jednak zrobili to samo i tak przez kolejne dni. W końcu uznali, że mają wszystko, czego dusza zapragnie – założyli więc własną orkiestrę, a do Bremy nie dotarli.

Pinokio

Stary majster Dżepetto właśnie kończył rzeźbić piękną kukiełką z drewna.

Przy pracy gawędził z zaprzyjaźnionym świerszczem Hipolitem. Wyznał, że bardzo chciałby, żeby lalka była prawdziwym chłopcem – jego synem.

Rozmowę podsłuchała Błękitna Wróżka i tchnęła życie w Pinokia – drewnianą kukiełkę. Dżepetto nie posiadał się z radości i posłał drewnianego synka do szkoły wraz z innymi dziećmi.

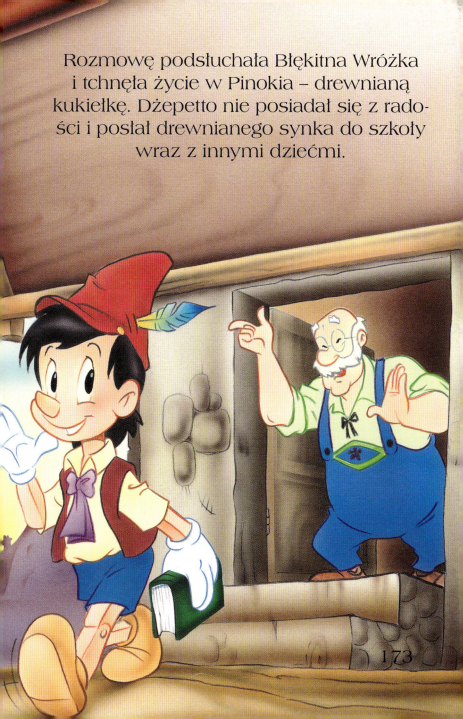

W drodze do szkoły Pinokio napotkał dwóch rzezimieszków. Podstępem namówili chłopca, żeby pojechał z nimi do cyrku.

Świerszcz Hipolit nie spuszczał Pinokia z oka, ale nie mógł mu pomóc. Złoczyńcy sprzedali go lalkarzowi, chłopiec jednak płakał tak rzewnie, że mężczyzna puścił go wolno.

W drodze powrotnej Pinokio i Hipolit napotkali wóz pełen dzieci, który jechał do Zaczarowanej Krainy.

Kraina ta pełna jest słodyczy i zabawek, Pinokio więc dołączył do nich bez chwili namysłu. Nie wiedział jednak, że dzieci, które się nie uczą, zamieniają się tam w osły.

Pinokio z pomocą świerszcza zdołał uciec z tej okropnej krainy, gdzie wyrosły mu ośle uszy. Wsiadł na statek i płynął przed siebie.

Płynął po morzu, gdy wtem jego niewielki żaglowiec połknął olbrzymi wieloryb. Na szczęście w brzuchu olbrzyma Pinokio spotkał Dżepetta.

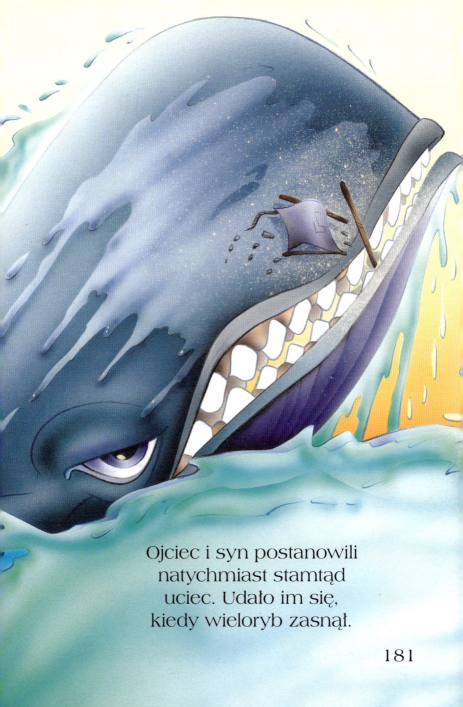

Gdy Pinokio wrócił do szkoły, koledzy naśmiewali się z jego oślich uszu. Na domiar złego, kiedy chłopiec kłamał, jego nos stawał się nawet większy niż uszy. Wróżka wytłumaczyła że to przez kłamstwa, chłopiec obiecał więc już nigdy więcej nie skłamać.

Błękitna Wróżka uwierzyła Pinokiowi i za pomocą magicznej różdżki w nagrodę zamieniła go w chłopca z krwi i kości. I tak marzenie Dżepetta się spełniło.